Purple All Around

Trace Taylor

2 Do you see the purple **flower?**

Do you see the purple **butterfly**?

 4 **Do you see the purple toy?**

Do you see the purple **glasses?**

5

Do you see the purple hair?

Do you see the purple **boat**?

Do you see the purple **starfish**?

Do you see the purple **wall**?

10 Do you see the purple **leaves**?

Do you see the purple **candle?**

Do you see the purple **feathers?**

Do you see the purple **benches?** 13

14 Do you see the purple **parachute?**

Do you see the purple **mask**?

Power Words

Do

do

you

see

the